Crapounette à l'école

Bertrand Fichou est né en 1962 à Caen. Après des études de lettres et de journalisme, il est entré dans le monde de la presse. Aujourd'hui, il est rédacteur en chef du magazine *Youpi*. Il garde du temps pour écrire de nombreuses histoires, publiées dans les magazines de Bayard Jeunesse.

Du même auteur dans Bayard Poche :
La série *Victor Big Boum* (Mes premiers J'aime lire)
La série *Crapounette* (J'aime lire)

Anne Wilsdorf est illustratrice pour la jeunesse. Elle vit actuellement en Suisse, mais travaille très régulièrement avec des éditeurs français. Ses ouvrages sont publiés aux éditions Bayard Jeunesse et Kaléidoscope.

De la même illustratrice dans Bayard Poche :
Grabotte la sotte - Les poux du sorcier - La princesse au sommeil léger - L'épreuve du prince Firmin (Mes premiers J'aime lire)
La série *Crapounette* (J'aime lire)

Sixième édition

Dépôt légal : septembre 2014
ISBN : 978-2-7470-4910-8
Loi 49-956 du 16 juillet 1949 sur les publications destinées à la jeunesse.

Imprimé en France par Pollina - L69458B

Crapounette à l'école

Une histoire écrite par Bertrand Fichou
illustrée par Anne Wilsdorf

J'AIME LIRE
bayard jeunesse

1
C'est quoi, l'école ?

– Crapounette !

C'est maman qui m'appelle. J'ouvre un œil, mais je n'ai pas envie de me lever. Je suis trop bien, couchée contre Kiki, mon loup apprivoisé…

– Crapounette ! Debout !

Bon, je sens qu'il faut que j'y aille, sinon ça va barder…

Maman m'annonce :

– Crapounette, ton père et moi avons pris une grande décision. Aujourd'hui, tu vas à l'école.

Après un long silence, je demande en bâillant :

– C'est quoi, l'école ?

Papa m'explique d'une voix embarrassée :

– L'école, ma chérie, c'est un endroit où vont les enfants des bonnes familles de la vallée. Pour apprendre des choses.

Je proteste :

– Mais, papa, je sais déjà chasser, faire du feu, coudre des peaux...

– Ne discute pas ! dit ma mère. La tribu des Delarivière envoie ses enfants à l'école. C'est la nouvelle mode. Si tu ne vas pas à l'école, ils vont tous se moquer de nous. Tu ne voudrais pas que la tribu des Craspouh meure de honte à cause de toi, tout de même ?

Ça va, j'ai compris, ce n'est même pas la peine de répondre...

Maman m'embrasse :

– Je vais t'aider à préparer ton sac, ma chérie. Pour commencer, tu vas prendre cette belle sacoche en peau de putois.

Je proteste de nouveau :

– Mais, maman, elle sent... l'horreur !

– Justement, répond-elle avec aplomb*, comme ça personne ne te la volera. Il te faut aussi du charbon de bois pour dessiner, un beau silex pour tailler ton charbon de bois, une pierre plate, des terres de couleur, un os pour faire des traits droits... Maintenant, ma chérie, il faut y aller, le buffle du ramassage scolaire va passer !

*Avec aplomb : très sûre d'elle.

Les parents m'accompagnent jusqu'au sentier. Voilà le buffle. Il transporte déjà trois enfants, pas beaucoup plus réveillés que moi. Au moment où je monte, papa me dit :

– Ta mère a glissé une cuisse d'autruche dans ton sac, au cas où tu aurais un petit creux dans la journée !

Je serre les poings. Je serai digne de ma tribu, les Craspouh n'auront pas à rougir de moi !

Le buffle nous amène de l'autre côté de la vallée. Il nous dépose devant un gros arbre : c'est l'école. Un drôle d'Homo sapiens m'accueille :

– Tu dois être Crapounette ? Bienvenue ! Je suis Barbichet-le-Maigrichon, ton maître. Suis-moi.

Les autres enfants viennent de s'asseoir deux par deux sur les branches de l'arbre. Barbichet me présente :

– Voici Crapounette, une nouvelle élève. Je vous demande de l'accueillir avec gentillesse. Crapounette, tu vas t'installer à la place libre, à côté d'Aimé.

Horreur ! C'est Aimé-les-Ongles-Propres, mon cousin Delarivière ! C'est un prétentieux qui croit toujours être le meilleur. Et je vais devoir le supporter toute la journée !

Aimé me fait un grand sourire.

– Bonjouuur, cousine chériiiie ! me dit-il en me léchant la main.

Je voudrais lui écraser le nez, à ce faux jeton* ! Il ne perd rien pour attendre.

*Faux jeton : quelqu'un qui ment et fait semblant d'être gentil.

2
Zaza

Barbichet demande aux élèves de se présenter. Chacun se tourne vers moi et dit son nom : Sauterelle-Rose, Goulu-Goulu, Canine, Petit-Venin, Ouistitille...

Je me lève pour aller regarder de plus près le collier de Sauterelle-Rose. Il est en coquillages. Il est super !

Mais Barbichet me dit :

– Assieds-toi, Crapounette. À l'école, tu ne bouges que si je t'en donne l'autorisation !

Je pense : « Ben, ça alors ! D'habitude, je me fais houspiller parce que je ne me lève pas assez vite pour aller chercher du bois ou ramasser les os rongés ! Ici, c'est le contraire… »

Barbichet reprend :

– Aimé, pour commencer, montre à Crapounette comment on s'occupe de Zaza.

Aimé m'emmène derrière l'arbre, où un lézard à collerette venimeux s'agite dans une cage. C'est peut-être le repas de midi...

Aimé m'annonce sur le ton de celui-qui-sait-tout :

– Voici Zaza ! C'est notre lézard. Il faut lui donner à manger tous les matins. Une bonne poignée de mouches mortes.

Aimé entrouvre la cage avec l'air d'un dompteur de tigres, mais très vite il hésite. Son visage tout entier se transforme en une grimace dégoûtée. Du bout des doigts, il attrape une pincée d'insectes séchés, qu'il jette au-dessus de la cage. Excité par l'odeur du festin, le lézard se jette contre les barreaux.

– Pouah ! dit Aimé. Comment peut-il manger ça ?

Puis il reprend son ton de celui-qui-sait-tout :

– Surtout, Crapounette, fais attention, car Zaza est très venimeux. S'il te mord, tu seras couverte de pustules vertes !

Alors, là, je ne résiste pas à l'envie de l'épater, Aimé chéri :

– Ne t'inquiète pas, mon père m'a appris à attraper ce genre de bestiole. On ne risque rien si on saisit un lézard derrière la tête.

Et, hop ! je plonge la main dans la cage.

Avec un sourire vainqueur, j'attrape Zaza, qui se tortille comme un ver. Mais je n'avais pas prévu qu'Aimé aurait autant la trouille ! Il crie : « AAAAAAAAH ! »

D'un coup, je lâche Zaza, qui se met à courir dans tous les sens. Ouistitille saute dans les bras de Goulu-Goulu.

Canine et Petit-Venin se réfugient derrière Sauterelle-Rose, et Barbichet s'agrippe à sa branche en bredouillant :

– Surtout pas de... panique ! Gar... gardez votre calme !

Sans m'affoler, je traverse tranquillement la classe et je coince Zaza aux pieds de Barbichet. Avec mon plus beau sourire, j'explique au maître :

– D'un geste sec, on saisit l'animal en tenaille, pile entre le cou et la collerette, et hop ! Cette fois, m'sieur, vous ne me demandez pas de rester assise à ma place, hein ?

Barbichet hoche la tête. Je pense : « Crapounette, un point ; Barbichet, zéro... »

Et je remets Zaza dans sa cage.

3
La leçon d'écriture

Barbichet a retrouvé son calme. Il me fait signe de venir le rejoindre près de la grande écorce accrochée à une branche :

– Nous allons commencer par une leçon d'écriture. Crapounette, je t'explique : écrire, c'est dessiner des idées. Et, si tu dessines bien, tu pourras te faire comprendre des autres Homo sapiens. Invente une petite phrase et essaie de la dessiner, pour voir...

Facile ! Je prends un morceau de charbon de bois et je gribouille sur l'écorce un bonhomme et un mammouth. Aussitôt, toute la classe éclate de rire. Même Barbichet.

– Qu'as-tu voulu dire, Crapounette ?

– J'ai dessiné : « Mon papa est costaud comme un mammouth. »

– C'est ce que je pensais, dit Barbichet en pouffant. Le problème, c'est que ton mammouth, tu l'as représenté vraiment couvert de poils. Ouistitille, qu'est-ce que tu lis, toi ?

– Moi, je lis : « Mon papa est POILU comme un mammouth », m'sieur ! Ha ! Ha ! Ha !

Je suis déçue. Il était pourtant chouette, mon mammouth.

J'ai envie de tous les enfermer dans la cage de Zaza, ça leur apprendrait à rire de moi.

Barbichet annonce :

– Bon, maintenant chacun va inventer un texte de quatre lignes pour raconter un événement qui lui est arrivé.

On se met tous à réfléchir. Canine s'épluche le nez avec un silex, Petit-Venin joue avec une chenille qui avance sur son bras. Moi, j'ai tout de suite une idée. Je prends une pierre plate, et je commence à dessiner.

J'ai fini depuis un moment quand Barbichet se penche sur nos pierres. Aimé-les-Ongles-Propres lève le doigt en sautant sur sa branche :

– M'sieur ! M'sieur ! Moi, je n'ai pas fait quatre lignes, j'en ai fait CINQ ! Regardez, m'sieur !

Barbichet essaie de garder son calme :

– Aimé, j'avais demandé quatre lignes, pas plus ! Donc, tu en as dessiné une de trop. Et puis, là, il y a une grosse faute : gazelle, ça s'écrit avec deux cornes, je te l'ai déjà dit... Et toi, Crapounette, tu veux bien me montrer ton texte ?

Barbichet prend ma tablette, j'ai le cœur qui bat fort...

– Écoutez ce qu'a dessiné votre camarade Crapounette, dit Barbichet :

Le sorcier m'avait dit : « Je vais faire de la pluie. » Il a pris ses gris-gris, sous un arbre s'est assis. Il a fait sa magie, aussitôt vint la pluie. Mais c'était un petit qui faisait son pipi.

Toute la classe éclate de rire. Mais, cette fois-ci, ce n'est pas pour se moquer : mon histoire est très réussie ! Je ne pensais pas être capable de dessiner si bien. Ça commence à être chouette, cette école !

4

Le camp de Tine

Bong ! Bong ! Bong ! Barbichet tape sur un crâne avec un grand os :

– Déjeuner ! Tout le monde en bas !

Tous les élèves descendent de l'arbre en se bousculant. Je les suis en rendant un coup de coude à Sauterelle-Rose, un coup de pied à Ouistitille. Elles me cherchent, elles vont me trouver !

Nous allons au camp de Tine. Tine, c'est madame Langoustine-Gracieuse, une dame énorme qui nous accueille les mains sur les hanches en hurlant :

– À table ! Et en silence ! Aujourd'hui, c'est racines d'épinards bouillies aux endives amères. Qu'est-ce qu'on dit ?

Tous les élèves répondent en chœur :

– Miam-Miam-Merci-Tine !

Et, flotch ! elle nous verse à chacun une louchée de truc bouilli.

Cet imbécile d'Aimé mâchouille déjà l'espèce de purée verte. Il a des haut-le-cœur à chaque bouchée, mais il finit son écuelle alors que même Goulu-Goulu n'a pas commencé la sienne. Et il ose dire :

– Madame Langoustine-Gracieuse, c'était excellent. Pourrais-je en avoir encore un peu ?

– Prenez exemple sur Aimé, bande de petits sauvages, tonne Langoustine-Gracieuse en le servant copieusement.

Aimé est capable de s'empoisonner pour se faire bien voir ! Moi, je file à quatre pattes, dans le dos de Tine, sous les yeux ébahis des autres. Sans un bruit, me voilà dehors. En trois bonds, je grimpe dans la classe, j'attrape la cuisse d'autruche dans mon sac en pensant : « Merci, maman. »

Et je regagne ma place. Tine n'a rien vu. Elle se tient toujours devant Aimé. Elle lui fait plein de compliments sur son appétit : « C'est bien, de manger de tout, c'est important, d'aimer les bonnes choses », et patati et patata...

Les copains en profitent : ils mordent à pleines dents dans les morceaux de viande que je leur fais passer, tout en faisant voler leurs grumeaux de purée verte par-dessus la palissade. Aimé nous regarde faire, incapable de nous dénoncer, tellement les racines d'épinards lui collent aux dents...

L'épreuve est terminée, on peut aller jouer dehors ! Les copains sortent les billes en crottes de bouc, l'élastique en boyau de zèbre...

Barbichet nous rejoint :

– Je vous propose une noix de coco-prisonnier. Ça vous dit ?

– OUAIIIIIIS ! hurlent en chœur tous mes camarades.

Ils m'apprennent rapidement les règles : deux équipes, une noix de coco. Il faut toucher les joueurs d'en face avec la noix.

Fastoche ! Barbichet divise les élèves en deux équipes. Je suis avec Sauterelle-Rose, Petit-Venin et Goulu-Goulu. Barbichet est arbitre.

La partie commence. Mon père m'a entraînée à assommer les hyènes avec des pierres ; alors, ça ne dure pas longtemps : et paf ! et bing ! et bong !

En moins de temps qu'il ne faut pour boire le lait d'une noix de coco, je dégomme tous nos ennemis, sous les hourras de mon équipe. Barbichet se tient le front, il a une grosse bosse. C'est vrai que j'étais tellement excitée que je l'ai pris pour un adversaire...

– Ça va, m'sieur ? demande Aimé. J'peux faire quelque chose pour vous, m'sieur ?

– Tout le monde en classe ! ordonne Barbichet.

5

La leçon de calcul

L'après-midi, Barbichet commence fort :

– Deux chasseurs vont à la chasse. Le premier tue quatre girafes, le deuxième tue trois girafes. Quand ils rentrent au camp, combien de girafes rapportent-ils ?

Aussitôt, tous mes copains se mettent à dessiner sur leurs tablettes.

Aimé est le premier à brandir la sienne en hurlant :

– Sept, m'sieur ! Sept girafes ! J'ai bon ?

Barbichet sourit et répond :

– Oui, c'est bien, Aimé. Tout le monde a trouvé sept ?

Moi, je n'ai rien dessiné sur ma tablette.

– Non, dis-je, ce n'est pas la bonne réponse.

Les copains rigolent, Barbichet fronce les sourcils. C'est étrange, j'ai l'impression que je l'énerve.

Barbichet annonce :

– Mademoiselle Crapounette pense que ce n'est pas le bon résultat. Peut-on savoir pourquoi ?

Alors, j'essaie de ne pas m'embrouiller :

– Voilà. Imaginons que le premier chasseur trouve un troupeau de girafes. Il tue une girafe. Eh bien, aussitôt le troupeau s'enfuit ! Et votre chasseur n'est pas près de le retrouver, c'est moi qui vous le dis, parce que, moi, je chasse avec mon papa, et il m'a tout appris.

Barbichet respire un bon coup, et il me dit :

– Crapounette, imagine que le chasseur cache sa girafe dans un fourré. Puis il part à la poursuite du troupeau. Il tue une deuxième girafe, il la cache. Et ainsi de suite...

– C'est possible, m'sieur. Mais le problème, c'est que, pendant que votre chasseur poursuit le troupeau, les tigres à dents de sabre trouveront forcément les girafes cachées dans les fourrés, et ils les mangeront. Donc, au bout du compte, chaque chasseur ne rapportera que la dernière girafe tuée. Donc quatre girafes tuées plus trois girafes tuées égalent deux girafes rapportées.

C'est étonnant comme je me sens plus forte d'avoir pu dire tout ça sans mélanger les girafes, les chasseurs, les fourrés et les dents de sabre... Barbichet, lui, il a l'air plutôt fatigué. Il marmonne :

– C'est logique... c'est logique...

Aimé brandit de nouveau sa tablette d'un air ahuri :

– Alors, m'sieur, je n'ai plus bon ? Dites, m'sieur...

6

Dans la clairière

À la fin de la journée, Barbichet propose :

– Allons observer les plantes de la clairière. Emportez vos tablettes et vos charbons de bois.

Les copains et moi, nous nous retrouvons avec de l'herbe jusqu'au ventre. Nous dessinons les fleurs que Barbichet nous agite sous le nez.

Barbichet est tout excité :

– Ces fleurs ont des noms étonnants, et si délicats ! Voici un bouton d'or, et ici une marguerite, et là un splendide coquelicot.

C'est vrai qu'elles sont jolies, ces fleurs. Il y en a tellement ! Je n'y avais jamais fait attention. Quand je vais à la chasse avec papa, on s'intéresse seulement aux traces des animaux, jamais au décor...

– Oh ! Et ces fleurs, là ! s'écrie Barbichet. C'est rare de les trouver dans l'herbe, elles poussent plutôt dans les bois. Ce sont des violettes ! Connaissez-vous leur parfum ?

Barbichet est si enthousiaste qu'il nous plante presque sa trouvaille dans les narines.

Ces fleurs très rares, elles sentent... comment dire ? Elles sentent quelque chose de nouveau. C'est étonnant comme sensation ! Je sais dire l'âge d'un zèbre rien qu'en reniflant son crottin, mais jamais je n'avais respiré quelque chose d'aussi sucré que ces violettes.

Tout à coup, Barbichet plonge la main dans un buisson d'épines. Nous, on le regarde sans bouger. Serait-il devenu fou ?

Il pousse un cri de victoire, et le voilà qui brandit un lézard ! L'animal lui fouette le bras avec sa longue queue pour se libérer, mais Barbichet l'a bien attrapé :

– Tu vois, Crapounette, pile entre le cou et la collerette ! Moi aussi, j'apprends mes leçons ! dit-il, tout fier.

Je m'approche :

– C'est une femelle, m'sieur.

– Tant mieux ! s'exclame Barbichet. Zaza sera content d'avoir de la compagnie dans sa cage !

Aimé fait des bonds sur place :

– J'peux vous aider, m'sieur ? J'peux vous aider ?

Barbichet répond :

– Oui, tu peux m'aider. Maintenant que nous allons avoir deux lézards dans la classe, il nous faut deux fois plus de mouches pour les nourrir. Trouve-nous ça !

Aimé se mord la lèvre avec une grimace de dégoût. Je me moque de lui :

– Les mouches, c'est pour les lézards. Tu n'es pas obligé de les manger !

Et, en rigolant, on repart cueillir nos fleurs avec Ouistitille, Petit-Venin, Goulu-Goulu et les autres...

Quand la journée est terminée, on court vite pour grimper sur le buffle scolaire. Finalement, l'école, ce n'est pas si mal que ça : on attrape des bestioles venimeuses, on parle de chasse à la girafe, on se bagarre avec des noix de coco... J'ai même découvert le parfum des violettes. Vivement demain que j'y retourne !